PREFÁCIO

Sobre a obra:

"Organizando Eventos do Começo ao Fim: Planejamento e produção de eventos para iniciantes" é um livro que tem o objetivo de guiar pessoas e empresários que queiram organizar um evento pela primeira vez ou um pouco maior do que os que estão acostumados a organizar. Ele cobre desde a concepção, ao planejamento, passando por equipes, finanças, marketing, até chegar à entrega e ao pós-evento.

Sobre o autor:

Ivan Chagas é um profissional da área de marketing e eventos. Natural de Registro, no interior de São Paulo, mudou-se para Curitiba para fazer Administração na UFPR. No meio da faculdade, envolveu-se com a área de marketing e descobriu, na área de eventos, uma poderosa ferramenta para gerar interesse vulcânico de pessoas e de empresas por uma ideia - sendo um ótimo meio para promoção de produtos e serviços. Desde então, tem trabalhado com eventos como estratégia de marketing. Fez intercâmbio profissional na área e já atuou em empresas inspiradoras, organizou eventos gigantescos e outros respeitados; abriu uma startup de educação com 22 anos e uma empresa de consultoria com 24. Hoje, segue auxiliando empreendedores de áreas técnicas com conceitos de gestão e empresas com eventos como estratégia de promoção.

Eventos de sucesso são baseados em conceitos fortes e propósito. Motivos para realizar um evento vêm das mais diversas razões, por exemplo:

- Celebrar algum aspecto associado à sua região;
- Exibir ou desenvolver uma atividade cultural;
- Marcar uma ocasião histórica ou feriado;
- Sediar ou criar uma competição esportiva;

- Mostrar por que pessoas deveriam confiar na marca e gastar dinheiro com ela;
- Melhorar ou repaginar a imagem de uma instituição ou empresa;
- Encorajar ou celebrar algum tipo de comportamento;
- Demarcar uma abertura ou lançamento.

Sobre a Polímatas:

A Polímatas é uma empresa que eu co-fundei em 2016 para ensinar a empreendedores de áreas técnicas conteúdos sobre gestão e administração, a fim que eles gerenciem e obtenham melhores resultados com seus negócios. Para um negócio dar certo, o empreendedor precisa entender de gestão, vendas, tecnologia, entre tantas outras áreas. Pessoas que entendem de várias áreas do conhecimento são chamadas de polímatas.

A Polímatas acredita que empreendedores devem ser polímatas. A Polímatas ensina e conecta quem quer entender muito de várias áreas. Este livro é obra de um dos fundadores da Polímatas.

Saiba mais em www.polimatas.com.

ÍNDICE

CAPÍTULO 0 - EVENTOS 101

O que é um evento?

Há alguns anos, eu perguntei a um amigo turismólogo o que era um evento, do ponto de vista técnico, e ele me respondeu "tudo aquilo que tira você do seu trajeto rotineiro". Por exemplo, um acidente durante sua ida ao trabalho é um evento. Você visitar sua família no Natal é um evento. Você mudar de supermercado nas compras semanais é um evento. Contudo, no sentido mais simples da palavra, evento é sinônimo de acontecimento, portanto, qualquer atividade é um evento. E eventos podem ter sub-atividades, ou ter sub-eventos acontecendo.

Já para mim, que tenho um background em administração, um evento, nos moldes que trataremos aqui no livro, um evento é um agrupamento especial e dedicado de pessoas ao redor de um tema em comum. Especial porque ele não pode ser banal: caso contrário, reuniões semanais também seriam eventos. Dedicado porque as pessoas têm que estar lá para que verem ou participarem de determinado conjunto de atividades (a agenda do evento, por exemplo). Ou seja, o grupo de participantes (plateia, delegados, apresentadores e afins) tem que estar voluntariamente presentes no local e data determinados pelos organizadores pela atividade, não podem ser "passantes". Flashmobs, portanto, para mim não são eventos e não entram aqui. Eles são intervenções, já que eles se aproveitam justamente dessa característica dos participantes.

Como eventos podem beneficiar organizações?

A primeira vez que eu organizei um evento foi uma realização e tanto: havia muita excitação por parte do meu público-alvo e, desde então, percebi que eventos têm a capacidade de gerar um estado de euforia pelo sentimento de novidade e efemeridade. Eventos são poderosos como ferramenta para o que hoje chamamos de "conversa com a marca", além de buzz de mídia, nos termos mais antigos. Sua organização pode se beneficiar ganhando credibilidade, reputação ou awareness de marca, nos termos mais intangíveis. De métricas mais palpáveis, você pode usar um evento para converter seus participantes em clientes, por meio da venda de produtos ou serviços, ou incitando eles a tomarem alguma ação pós-evento, como participar de uma outra atividade, falar de sua oferta ou comprar um produto.

Se você está lendo isso, provavelmente você já tenha um objetivo em mente e já queira utilizar eventos para alcançar esse dito objetivo. Contudo, não me canso de estressar que é importante você ter um objetivo claro, pois...

Um evento nunca é um fim em si mesmo.

O que isso quer dizer? Ninguém vai em um evento porque quer participar do evento em si. Ele vai porque existe uma tarefa a ser realizada. Pense sempre nisto: qual é a tarefa que eu quero ajudar meu público alvo a cumprir? Por exemplo: você tem como público alvo estudantes universitários. Uma tarefa que sabidamente é conhecida desse público é a de conseguir emprego. Portanto, você pode organizar um evento de ofertas de trabalho, ou de empregabilidade, ou como construir carreira uma vez dentro da empresa, entre outros. Os participantes não irão ao evento por causa do evento em si, mas porque eles esperam obter algo após o evento. Isso sempre é válido. Embora seja algo que pareça óbvio, uma vez que você tenha incorporado isso ao planejamento estratégico do seu evento, haverá uma mudança de atitude em relação a como você o apresenta e trata cada parte dele.

Como coordenar conteúdo com eventos.

Hoje, uso eventos como uma força educacional para engajar pessoas em torno de assuntos que elas não necessariamente dedicam tempo diariamente para discutir. No caso do meu público: liderança, sustentabilidade, empreendedorismo social, capacitações na área gerencial, entre outros. O meu público alvo quer falar sobre isso, mas não é uma coisa que eles não sentem que está ao alcance deles de forma tão facilitada todos os dias, por isso que eles ficam animados quando existe um evento sobre tais temas. Pode ver: é difícil você participar de um evento (pelo menos pela temática) se é de um assunto do teu total domínio e que você já tem acesso.

Para que um evento de conteúdo seja relevante para sua audiência, ele tem que ter algum **senso de novidade** (últimas tecnologias ou lançamentos), ou de **ponta de conhecimento** (descobertas, melhores práticas, inovações no uso ou na forma de fazer, aplicações em áreas diferentes), ou de **expertise** (cases de sucesso, pessoas bem-sucedidas na área ou debates com diferentes pontos de vista). Você pode combinar essas classes de eventos entre si, sem sombra de dúvidas. Quando o propósito do seu evento não é conteúdo, como premiações e eventos de networking, as pessoas aparecem por outros motivos. Você pode fazer um evento de conteúdo com pretexto para trocas de cartões de cartões acontecerem, por exemplo.

Tipos de eventos

São muitos os tipos de eventos possíveis, contudo, focarei naqueles que eu vejo que possibilitam o melhor retorno para as organizações, sendo eles:

Competição e concurso

São disputas pelos primeiros lugares. Eles se dão das mais diversas formas. A competição é a disputa na qual cada competidor concorre diretamente com o outro. Concursos têm, geralmente, uma banca de jurados para avaliar individualmente cada um.

Feira, exposição e mostra

Eventos para apresentações 1:1 de produtos ou serviços, organizado em formato de stands. Tem por objetivo a apresentação desses produtos e serviços, vinculado à venda direta (não sendo exclusivamente para transações monetárias, como acontece com feiras de vagas de trabalho).

Congresso, seminário e simpósio

Agrupamentos em torno de um ramo ou temática profissonal ou acadêmica. Tem por fim a discussão e atualização dos envolvidos sobre aquela área. São, pelo menos, um conjunto de palestras sobre uma mesma área, focada em determinado grupo de profissionais, exemplo área médica, vendedores, ou área do agronégocio. Pode conter outras atividades também, como oficinas e paineis. É, geralmente, mais formal.

Curso, palestra e oficina/workshop

São eventos educacionais com o intuito de educar e/ou instruir o seu público. Já oficinas ou workshops devem possuir, necessariamente, atividades práticas. Palestras são puramente expositivas. Cursos são organizados de forma esquemática

Debate, painel e fórum

É a conversa entre duas ou mais pessoas em torno de um assunto. Pode ou não ter um mediador. Pode ou não ter perguntas pré-formatadas. Já um fórum é evento todo que visa a discussão e troca de ideias sobre um assunto. Fórum não é uma atividade específica, como um painel ou uma palestra podem ser, mas ele vem no intuito de trazer esse sentido amplo de discussão.

Nota

Independente da nomenclatura do seu evento, use mais essa lista como um guia de possibilidades do que efetivamente naming do seu evento. Eu não sou da área de eventos, formalmente falando, nunca fiz um curso de protocolo, portanto, eu tenho essas definições mais da prática do que efetivamente dos livros (embora eu já tenha consumido muito conteúdo educacional sobre organizações de eventos). Eventos governamentais, protocolares, culturais e sociais também não configuram nessa lista de propósito, já que o nosso objetivo aqui é aprender a organizar eventos para marketing e não cerimoniais com autoridades solenes. Para tanto, recomendo fortemente a contratação de um cerimonialista padrão da indústria de eventos.

CAPÍTULO 1 - CONCEITO DE UM EVENTO

Tudo começa pela criação de um conceito, o pontapé para a realização do seu evento. Como uma ferramenta de marketing para sua empresa ou organização, é importante que você tenha bem definido um motivo para executar um evento. Ele pode se dar de diversas formas, seja venda de um produto, quantidade de notas na imprensa, dinheiro arrecadado, entre tantas outras. Lembre-se: um evento nunca deve ser um fim nele mesmo. Portanto, se você não tiver claro um objetivo, você pode se perder em relação ao porquê executá-lo em primeiro lugar. Recursos jogados fora nunca foi interessante para uma empresa ou organização.

Objetivos internos

Coloque num papel o motivo pelo qual você, institucionalmente, quer organizar um evento. O que você espera dele? Quer aumentar suas vendas de um produto específico? Promover sua marca?

Conseguir novos contatos? Aumentar a boca do seu funil de vendas? Gerar buzz de mídia? Aparições na imprensa? Levantar recursos? Imagino que você já deva ter, mesmo que leve, algum objetivo em sua cabeça para estar lendo este tipo de conteúdo, mas escreva no papel que iremos trabalhar em cima dele um pouco mais adiante.

Objetivos externos

Também conhecido como visão e missão. São frases bonitas que inspiram e comunicam o porquê da existência do seu eveto para o público externo. É a justificativa da sua execução. Se você ainda não conseguir obter uma visão e missão articuladas em uma nfrase, talvez você ainda esteja inseguro ou insegura sobre o que ele realmente significa. Você talvez possa estar cético quanto a necessidade dessas coisas, mas meu conselho é bem direto: ao definir uma visão e missão para seu evento, a comunicação para os outros será mais clara sobre o que você quer atingir, então dando mais foco e direção a todos os envolvidos (incluindo potenciais patrocinadores). Na essência: não espere que os outros saibam o que se passa na sua cabeça. Na faculdade de administração, usamos isso o tempo todo, o que já não acontece na vida das empresas na prática, eu sei. Contudo, para eventos isso faz bastante sentido. Você não precisa necessariamente chamar de missão, visão e valores (esse último eu dispenso), pode ser statement, declaração, apenas visão ou objetivo. O importante é você conseguir frasear em um comunicado claro e comerciável, ou seja, que você venda para outras pessoas.

Sua visão deve ser curta e que descreva, em termos gerais, o objetivo institucionais do evento. É importante que as pessoas saibam distinguir por que a sua organização está por trás desse tipo de evento, para que exista alguma coerência. Se você trabalha com produtos tóxicos à natureza, organizar um evento sobre sustentabilidade pode soar como uma estratégia barata e constrangedora de auto-promoção. A missão fica do lado e dá mais detalhes sobre como a visão será alcançada. Algo bem simples, conciso e que seja realizável.

Por exemplo, para o evento TEDx, ele tem uma visão muito clara: "Espalhar ideias". Para a edição de 2016, em Curitiba, nossa missão foi, dentro desse conceito, "Novas formas de ensinar e aprender". No caso da Polímatas, criamos o evento Epistemia, que tinha a visão de "Gerar conhecimento verdadeiro sobre como colocar ideias em prática". Na missão, colocamos "Os participantes farão perguntas para que empreendedores respondam sobre como fizeram acontecer". Simples e, como bônus, já dá noção sobre o que o evento é.

SMART
Esse é um acrônimo que significa, em inglês, específico, mensurável, alcançável, realista e vinculado ao tempo. É um guia de como devem ser construídas métricas de forma geral.

Específico: seus objetivos não devem ser vagos, por exemplo: melhorar a qualidade de vida. Um jeito de deixar isso específico é redefinindo para: melhorar o acesso à saúde básica. Ainda poderíamos ir mais fundo nisso se quiséssemos.

Mensurável: não basta ter um objetivo, você tem saber quando o alcançou. Usando nosso exemplo anterior, chutando que hoje 50% da população mundial tenha acesso ao que é definido como "saúde básica". Nosso jeito de mensurar a melhoria que estamos propondo é de aumentar esse resultado para 100%.

Alcançável: Será que esse número é factível? Será que ele de fato pode ser alcançado? 100% da população mundial significaria que nós teríamos que monitorar absolutamente todos os seres humanos da Terra. Bem, acredito que não seja. Que tal diminuirmos para 75%? Eu sou leigo no assunto, mas me soa mais fisicamente possível.

Realista: A diferença entre alcançável e realista é a física da coisa. Enquanto alcançável fala sobre a possibilidade de isso acontecer de fato, realista está na sua capacidade para que ele aconteça. Vem muito vinculado ao prazo, que é o próximo item. Enquanto 75% da população mundial é alcançável, se eu colocasse num prazo de 2 meses, diria que o salto de 50% para 75% não soa realista.

Vinculado ao tempo: para eventos isso soa meio óbvio, uma vez que eventos têm uma data para acontecer. Mas pense no seguinte: se você tiver objetivos de pós-eventos, coloque um prazo para que eles ocorram. Usando o exemplo anterior, melhorar de 50% para 75% o acesso mundial da saúde em 20 anos. Não é "algum dia", é no dia x.

Trabalhando com objetivos SMART, podemos melhorar o posicionamento do evento que diz "promover a marca XYZ" para "Promover o produto A da marca XYZ, fazendo com que 50% dos participantes do evento comprem o produto A até 2 meses depois do evento". Soa SMART para você?

Outras considerações iniciais

Preparo

É importante ter tempo para planejar, levantar os recursos, fazer marketing e implementar o plano de ação do evento. Nunca subestime o quanto esses processos podem levar na verdade. Errar em permitir um tempo adequado de preparo só diminui a suas chances de sucesso em todos os aspectos da produção do evento. Pense com calma sobre o tamanho e a complexidade dele, os recursos necessários e o orçamento, assim como o tempo para uma promoção eficaz. Seja generoso e realístico.

Local

Tenha em mente a natureza do evento: vai ser ao ar livre, ou precisa ser organizado em algum lugar específico? A localização é essencial ao sucesso do evento? Quais são os componentes do espaço que corroboram com a temática e tipo do evento? Aqui vale a marcação de que o local pode ser uma das coisas mais custosas de um evento, já que a infra-estrutura pode ser pesada. Por isso, para organizadores com experiência, é um dos primeiros assuntos a serem tratados.

Público alvo

Quem você espera atrair para o grande dia? Ou para os grandes dias? Para esse público, é melhor que seja em alguma época específica, ou tanto faz? Dia de semana, ou final de semana? Durante o dia, ou de noite? Lembre-se: um evento não é um fim nele mesmo, portanto, cabe a você descobrir o motivo pelo qual seu público irá querer participar.

Competição

Existem outros eventos acontecendo na mesma data? Ou atividades complementares? Lembre-se: para as pessoas irem ao seu evento, elas precisam estar fisicamente presentes, ou seja, mesmo que não exista um outro evento idêntico, às vezes elas podem preferir estar em outro lugar, em algum evento que você não listaria como concorrente; por exemplo, dia das Mães e as viagens que são feitas. Por mais que as mães não seja competição para seu evento de empreendedorismo, são atividades substitutas.

CAPÍTULO 2 - ORGANIZANDO A IMPLEMENTAÇÃO

Planejar um evento serve para comunicar os objetivos estratégicos e levar a produção executiva do evento para frente. Todo evento deve ter um plano, isso é básico. Não importando a escala, histórico ou contexto do seu evento, planejá-lo vai te ajudar a comunicar a visão do evento, o propósito e benefícios do evento para os outros; permitir que você foque no potencial e diferencial do evento para fazê-lo acontecer; ilustrar e assegurar a viabilidade e sustentabilidade do seu evento; certificar-se de quanto dinheiro você vai precisar e dos recursos; planejar os recursos, a entrega e a estrutura de entrega; e ajudar a definir a métricas de sucesso.

Para que serve planejar um evento?
Não deixe que o termo "plano" te desanime. Quando chegar a necessidade de documentá-lo, é

provável que você já tenha pensado nas respostas muitas vezes. Ao escrever, vai só te forçar a organizar seus pensamentos e compartilhá-los com outras pessoas, te ajudando a errar no papel antes de executar suas ações na vida real. Um plano não precisa ser complicado. Mantenha ele simples e lógico. Use seus recursos à disposição e convide pessoas de áreas-chave para te ajudar (se for conveniente) para construir o plano e dar a sensação de co-criação em equipe. Se ajudá-lo, pense mais num documento com perguntas e respostas do que aqueles planos entediantes que você nunca vai usar. Acredite, eu fiz administração e um plano de eventos você vai realmente olhar depois.

Quais são as perguntas que você deve se fazer?

1. Qual o principal motivo de você planejar um evento?

Tenha muito claro quais são os objetivos do seu evento. A menos que você seja um terceirzado na organização dele, provavelmente você está organizando para promover um produto ou serviço, criar consciência de sua marca, criar ou melhorar reputação dela ou outro motivo. Seja qual for, é importante que você tenha isso em mente e formate seu evento para permitir que isso aconteça. Praticamente tudo em seu evento deve se voltar para isso. Também volte e aplique o conceito SMART no seu objetivo, ou seja, coloque ele sobre uma régua de números mensuráveis, para você saber quando você chegou lá.

2. Quem são os parceiros e seus benefícios?

Ao planejar um evento, é muito comum confiar em parcerias (que não são fornecedores, contratados ou clientes). São pessoas ou organizações que vão te dar algo em troca de outra coisa. Similar ao que acontece durante a construção de um Business

Model Canvas, listar quais são suas necessidades e quem poderá ajudar a suprí-las, assim como indo para a parte de custos do evento e verificar quais entidades poderão tomar esses valores para si. É importante listá-las e garantir uma boa gestão. Neste momento, é provável que você acabe listando pessoas e organizações que não tinha pensado antes. Vá com calma. Um evento não pode ser só feito na caridade.

3. Se você não é da área de organização de eventos, que expertise eu trago?

Não faz mal você nunca ter organizado um evento (a menos que isso seja porque você seja completamente desorganizada). Qualquer um, figurativamente, pode organizar um evento. E é uma experiência interessante trabalhar ao lado de pessoas sem vícios. Por isso, pense no que você é bom, como são os eventos que você gostou, o que você gostaria de adicionar e o que você definitivamente não quer que aconteça em seu evento.

4. Qual contexto que seu evento se encaixa?

Todo evento traz algum contexto, seja da indústria, seja da temática ou seja por meio das pessoas que vão se apresentar. É importante você ter isso em mente porque é o que vai direcionar seu público e a experiência final deles. Você tem que entender que eventos vêm para impulsionar algum assunto que está sendo falado atualmente. Por isso é importante que você se empodere disso e conduza a organização dele com isso na cabeça.

5. Você conhece sua concorrência?

Quais são os eventos similares que já aconteceram e acontecem? Como eles se posicionam? Você seria capaz de dizer qual é a missão e visão do evento só pela página e materiais que eles disponibilizam? E, principalmente, o que você deveria começar a fazer que os outros não fazem, o que você não deveria fazer e o que deveria/poderia continuar fazendo?

6. Quais são seus objetivos principais?

Além do objetivo listado na primeira pergunta, você deve ter outros menores, também conhecido como Key Progress Indicators, ou Indicadores Chave de Progresso – "sub-métricas" que ajudam a mensurar se você está chegando mais perto de alcançar suas metas principais. Em seguida, reflita como você pode mensurar se esses objetivos (incluindo o primeiro) foram alcançados ou não.

7. Qual é o caminho crítico do seu projeto? Tenha um cronograma.

O caminho crítico, em Gestão de Projetos, é a sequência de atividades que devem ser concluídas nas datas programadas para que o projeto possa ser concluído dentro do prazo final. Ou seja, quais são as atividades *core* do meu evento que, se atrasadas, vai atrasar todo meu cronograma. Tenha essas atividades em foco!

8. Como alcançar seu público? Tenha um plano de marketing e comunicação.

O primeiro passo para você começar a rascunhar seu plano de marketing é saber onde seu público está e como pode chegar lá. Claro, não em todas as localidades, mas pense nos canais que você já tem aberto, quais você tem facilidade, quais são práticas comuns de outros eventos para chamar este público até o evento. Desde ônibus de escolas, a palestras dentro de empresas a flashmobs na praça pública – quase tudo é válido.

9. Quais são os pré-requisitos do evento de infra-estrutura?

Fazer a conta de staff é um pouco mais complexa, mas você pode pensar: qual o tamanho do seu evento? De modo geral, planejar um evento para 50 pessoas precisa de 2 pessoas focadas no dia; de 100 a 200, quatro pessoas. A partir daí, a cada 100 pessoas, uma pessoa a mais. Infra-estrutura conta com local, audiovisual, necessidades de decoração, credenciamento, etc. Isso varia de acordo com o tipo de evento. No próximo capítulo, nós delineamos um pouco melhor essas contas.

10. Quanto o evento vai custar? O orçamento.

Elabore o orçamento com carinho. Comece a listar absolutamente tudo que vier à sua cabeça. Depois é mais fácil tirar das despesas planejadas do que tentar arranjar dinheiro por não ter previsto. Imagine o evento acontecendo, hora por hora. Pense antes, na divulgação, todos os materiais que estarão sendo usados. Pense no teu público, o que eles estarão carregando, o que eles têm que ver (até para cumprir os objetivos listados no número 1). O capítulo 4 é dedicado às maiores questões sobre orçamento.

11. Como o evento vai se pagar? Fonte de receita.

Parte crucial ao planejar um evento. Aqui me perguntam muito, mas não existe fórmula mágica. Você pode cobrar do seu público, pedir doação (dependendo do projeto), ir atrás de patrocínio, leis de incentivo (se for o caso), vender artigos no evento ou ter o evento como um investimento para os resultados alcançados. No capítulo 5, você terá algumas alternativas sobre fontes de receita e, no capítulo 6, falaremos especialmente sobre patrocínio comercial.

12. O que pode dar errado? Planos de riscos e contigência.

Pense em tudo que pode dar errado na execução de seu evento (spoiler: alguma coisa vai!). E não estou falando só de tragédias, mas sim daquele caminho crítico. O que acontecerá se alguma tarefa atrasar? E se o fornecedor não chegar a tempo? E se eu tiver metade de inscritos uma semana antes do evento? E se chover? "E se..." devem ser feitos com criatividade e sem inibição. Uma coisa é certa quando se faz planos para eventos: ele não vai acontecer 100%. O papel aceita qualquer coisa (ou o documento de Word). Na vida real, as coisas fluem de outra maneira. Esteja preparado.

Planejar um evento não tem um guia absoluto, vai depender muito do formato, mas tentei dar uma delineadas gerais que podem servir. O próximo item vai ser dedicado a te ajudar a construir o plano de execução para o seu evento. Adicione ou exclua itens que você achar apropriado, mas considere ler tudo. Não existe formato ideal. A escala e a complexidade do evento vai terminar o tamanho do plano, então não fique assustado se seu plano parecer muito longo ou muito curto – ele reflete o seu evento.

O que deve existir no planejamento do seu evento

Para você que está com um pouco mais de pressa, aqui vai em linhas gerais a estrutura de um plano de negócios de eventos.

1 – Gestão e história

Gestão do evento: desdobre quem você é e qual sua experiência relevante você traz para o evento. Apresente sua análise SWOT.

Histórico: se for o primeiro ano do evento, de onde a ideia veio, se já existe eventos similçares, se já aconteceu em outro lugar, que tipo de evento é, quem você desejar ou quem costuma frequentá-lo.

2 – Visão geral

Essa seção vem para apresentar o ano atual que no evento acontecerá. Reescreva a sua visão e missão.

Objetivos chave: ponha de forma clara os objetivos do evento e como cada um será entregue.

O evento: descreva o evento e seus elementos em detalhes. Dê uma visão geral do conteúdo do evento que você pretende executar e quaisquer desdobramentos diso.

Mercado alvo: um rascunho sobre quem serão os participantes.

Envolvimento de terceiros: descreva aqui os públicos terceiros envolvidos e seus benefícios, como parceiros, financiadores, patrocinadores, etc. Tenha certeza que suas estratégias aqui casem bem com o que você escreveu até agora.

3 – Plano de desenvolvimento

Esta seção deverá apresentar a silhueta de como o evento será levado adiante em termos de execução nos próximos meses.

Plano estratégico: com sua visão e missão na cabeça, delineie como os objetivos serão entregues em maior profundidade, marcos (milestones), defina um cronograma simples para atingir cada um e como cada ação será conduzida (por exemplo, por qual organização ou pessoa).

Regras de desenvolvimento: resuma as políticas que você vai aplicar para que exista algum controle de qualidade do evento e que ele se mantenha fiel aos seus objetivos.

Alinhamento estratégico: descreva como você irá entregar valor para cada um de seus públicos (participantes, parceiros, financiadores, etc).

4 – Requisitos do evento

Espaços: quais são os espaços que seu evento pede em termos de ferramental, acomodação, buffeet, comunicação e outras tecnologias e cerimoniais (para eventos esportivos ou sociais, por exemplo).

Produção: detalhe o equipamento necessário, como de palco, áudiovisual, som, iluminação, estandes, etc.

Parte legal: considere as implicações contratuais e segurança necessária para cobrir todos os aspectos do evento.

5 – Plano de marketing e comunicação

Análise situacional: anote toda a informação sobre os seus públicos que você pude encontrar: dados, vontades, desejos, gaps que eles percebem ou que existe na entrega de valor, com referências para seu plano de marketing.

Alvos: identifique quais são os mercados alvo primário e secundário.

Estratégia de marketing: defina objetivos, metas e estratégias para chegar lá.

Mensagem: defina quais são as mensagens-chave que você deve entregar em seu cronograma.

Plano de ação: agora desdobre suas mensagens em ações práticas de entrega.

Impacto no orçamento: as ações de marketing são vitais porque geralmente trazem impacto na receita, por isso são vistas como investimento. Como você vai mensurar o retorno de cada ação?

Monitoramento: como você vai avaliar a evolução e eficácia de cada ação?

6 – Plano financeiro e considerações

Você precisa demonstrar que o evento é financeiramente viável e exequível.

Projeções de receitas e despesas: apresenta um orçamento detalhado de todo o fluxo de caixa para o período do evento.

Observações: se necessário, explique como você chegou a esses resultados e números. É importante admitir algumas suposições e assunções feitas. Apresente também como o contrato com possíveis financiadores externos está amarrado.

Plano de receita: defina alvos e estratégias para assegurar que a receita prevista acontecerá. Inclua também tempos de pagamento e planos de contigência.

7 – Gestão

Esta seção deve apresentar um detalhamento de como o evento será gerenciado.

Gestão e organização: detalhe papeis e expertise das pessoas envolvidas na gestão do evento. Mostre a estrutura organizacional criada e a cadeia de comando.

Plano de ação do evento: um cronograma com as responsabilidades de cada um, cobrindo todos os aspectos do evento.

Sistemas de gestão: quais são as ferramentas de gestão utilizadas e como você irá utilizá-las para te ajudar a monitorar o cumprimento do plano?

Fatores de risco: faça um plano de fatores de risco, a possibilidade que cada um possui de acontecer, o impacto que teria caso acontecesse e quais são os planos para evitá-los e o que fazer caso ocorra.

CAPÍTULO 3 - EQUIPE ORGANIZADORA

Quantas pessoas eu preciso para organizar um evento?

Quando usamos eventos como uma ferramenta para atingir algum fim, por exemplo como estratégia de marketing, o ideal é que você seja bem ótimo em relação à eficiência da operação. Se você já tem uma empresa em andamento, o ideal é que ela não pare suas tarefas principais só por causa do evento - como eu vejo muitas vezes acontecendo. Invariavelmente, praticamente todas as empresas que me contratam para planejar um evento perguntas quantas pessoas elas devem dispôr para o evento e em quais funções. Por isso, montei aqui algumas configurações de equipes com base no tamanho do evento, divindo em funções do que em pessoas. Claro, quanto mais funções uma pessoa acumular, menos disponível ela estará para a operação principal de sua empresa.

Eventos pequenos de até 50 pessoas.

Neste evento, você dividirá bem as tarefas e elas não se entrelaçam tanto entre si. Muito comum de o gestor ser a mesma pessoa que cuida da agenda e/ou finanças. O importante neste caso é que cada área tenha bastante autonomia e esteja constantemente comunicando os avanços e dificuldades. Eventos pequenos têm o costume de terem orçamentos que sofrem com falha na comunicação.

Gestor do projeto: Acompanha, gerencia e dá suporte aos outros membros. Responsável final pelo sucesso geral do evento e sua logística.

Infra-Estrutura: Prospectar a confirmar o local do evento, materiais de suporte, infra-estrutura, equipamentos e coffee break. Elaborar e gerenciar o orçamento. Prospectar possíveis soluções para reduzir gastos. Responsável final pela estrutura geral do evento.

Agenda: Responsável pelo conteúdo e programação: palestrantes, atrações, painelistas, mestre de cerimônias (se for conveniente). Convites e alinhamento com os responsáveis que participarão. É o responsável final pelo conteúdo do evento.

Comunicação: Elabora e executa o plano de promoção. Responsável também por todo o audiovisual do evento. Execução e acompanhamento das ações definidas para promover o evento. Responsável final pela quantidade de público.

Eventos médios, para até 150 pessoas.

Se o seu evento for para externos, ter 150 pessoas que não sejam de um nicho muito específico não dá muita margem para patrocínio comercial, portanto é provável que você trabalhe um pouco na promoção do seu evento. Logisticamente ele não traz muitas complicações, dependendo da quantidade e complexidade da agenda, claro. Neste formato, teríamos duas pessoas para lidar com o sucesso de público do evento: um relações externas/comercial e um para comunicação.

Gestor do projeto: Acompanha, gerencia e dá suporte aos outros membros. Responsável final pelo sucesso geral do evento e sua entrega.

Infra-Estrutura: Prospectar a confirmar o local do evento, materiais de suporte, infra-estrutura, logística, equipamentos e coffee break. Elaborar e gerenciar o orçamento. Responsável final pela estrutura geral e logística do evento.

Agenda: Responsável pelo conteúdo e programação: palestrantes, atrações, painelistas, mestre de cerimônias (se for conveniente). Convites e alinhamento com os responsáveis que participarão. É o responsável final pelo conteúdo do evento.

Comunicação: Elabora e executa o plano de promoção. Responsável também por todo o audiovisual do evento. Execução e acompanhamento das ações definidas para promover o evento. Responsável final pela quantidade de público.

Relações Externas: Prospectar a abordar parcerias estratégias para reduzir o custo do evento e potencializar momentos fora da agenda e número de participantes. Serve como suporte para todas a outras áreas. Responsável pinal pelas parcerias institucionais, de permuta e de apoio.

Para eventos maiores (até 300 pessoas).
Com um evento maior, é provável que você comece a ter desafios logísticos mais complexos, como deslocamente de materiais, compra deles, infra-estrutura para acomodar tanta gente (auditório maior, maior número de salas em caso de oficinas), credenciamento e até a alimentação se torna um desafio. Por isso, eu separaria o gestor do infra do finanças, para que as coisas fiquem mais claras entre cada um deles.

Gestor do projeto: Acompanha, gerencia e dá suporte aos outros membros. Responsável final pelo sucesso geral do evento e sua entrega.

Infra-estrutura: Trabalha muito próximo com o Agenda para garantir a entrega do conteúdo proposta. Prospecta e define o loca do evento. Responsável por prever e gerenciar os equipamentos necessários, coffee break e materiais de suporte. Responsável final pela execução do plano logístico.

Finanças: Responsável por garantir a elaboração, por gerenciar e controlar o orçamento do evento. Também é responsável pelos pedidos de compra e trabalhar junto com Relações Externas para garantir as parcerias de permuta.

Agenda: Responsável pelo conteúdo e programação: palestrantes, atrações, painelistas, mestre de cerimônias (se for conveniente). Convites e alinhamento com os responsáveis que participarão. É o responsável final pelo conteúdo do evento.

Relações Externas: Prospectar a abordar parcerias estratégias para reduzir o custo do evento e potencializar momentos fora da agenda e número de participantes. Serve como suporte para todas a outras áreas. Responsável pinal pelas parcerias institucionais, de permuta e de apoio

Comunicação: Elabora e executa o plano de promoção. Responsável também por todo o audiovisual do evento. Execução e acompanhamento das ações definidas para promover o evento. Responsável final pela quantidade de público.

Algumas considerações finais.

O gestor do projeto é o líder do evento. A ideia central é que ele fique responsável por garantir que o evento aconteça conforme o plano e que ele entregue à empresa os seus resultados. Quanto menos operacional ele for, melhor.

Quanto às nomenclaturas, o infra-estrutura também pode ser chamado de Logística ou Produtor

Executivo. Agenda pode ser chamado de Curadoria. Relações Externas pode ser chamado de Comercial ou Desenvolvimento de Negócios. Comunicação, naturalmente, pode ser Marketing.

Algumas áreas podem precisar de suporte chegando mais próximo ao evento. Finanças pode ter alguém para controlar as ordens de pagamento, emitir notas e passagens e agendamento de hospedagem, trabalhando próximo com o pessoal de Agenda. Infra-estrutura pode precisar de staffs temporários no dia do evento para trabalhar na recepção, durante o coffee break e/ou para arrumar as salas e espaços. Já Comunicação pode precisar de suporte para captação de imagens, redes sociais e afins.

Como coordenar uma equipe
Qualquer que seja a configuração do seu evento, é chave que você selecione uma equipe com as habilidades complementares para levar o evento pra frente. Durante seu planejamento inicial você

tem que identificar quais são essas habilidades. Ter uma boa equipe é essencial para o sucesso do evento. Dependendo do tipo e do tamanho dele, áreas de responsabilidades podem incluir: produção, finanças, marketing, design, relações públicas, infra-estrutura, patrocínio/vendas, agenda/programação e staff.

Essa lista simplesmente dá alguns exemplos de papeis que podem ser apropriados para um evento. Pode ser que o seu exija outros papeis, assim como um time maior, ou mesmo só três pessoas.

O processo de formar um time coeso começa com as descrições de trabalho para cada um dos papeis. Alguns detalhes que podem te ajudar a formar uma boa equipe:

Recrutamento

Se possível, planeje suas atividades com antecipação. Ter o equilíbrio certo na equipe é a consideração chave – uma equipe muitas vezes terá que trabalhar bem juntos por longas horas em ambientes com pressão, então certifique-se que seus membros se complementem. Sempre dê uma descrição das responsabilidades e formalize seu recrutamento e expectativas de forma escrita, deixando claro que as condições estão compreendidas. Muito útil é você usar testes de perfil, como Teste Belbin, eneagrama ou Inventário de Kolb.

Papéis claros

Tenha certeza de que cada pessoa sabe muito bem seu papel dentro da equipe e na entrega do evento. Uma particularidade de um evento é que ele não pode acontecer fora do prazo. Em vez de dizer atividades na descrição do cargo, coloque as responsabilidades: a pessoa será responsável por X, Y e Z.

Comunicação interna

É essencial que você trabalhe com excelente comunicação. Tenha reuniões regulares para atualizar o plano de ação e projeto do evento, até para garantir que todos os membros estejam a par com os problemas e desafios. Essas reuniões podem ser também uma oportunidade para as pessoas levantarem seus próprios pontos e pautas, como experiência e dificuldades.

CAPÍTULO 4 - ORÇAMENTO & FINANÇAS

Uma boa gestão financeira é fundamental para a entrega final do evento. Meu conselho é simples: planeje com antecedência, seja realista, se mantenha sempre com uma boa faixa de gordura no budget e implemente mecanismos de controle que funcionem pra você.

Desde o começo, tenha certeza de ter um orçamento realista com flexibilidade para tomada de decisões e contingências. Se você está fazendo um evento com fundos de terceiros ou patrocínio, não aborde o potencial patrocinador até você ter um orçamento claro em sua cabeça. Saiba: você precisará se convencer primeiro antes de convencer outros que seu evento é financeiramente viável.

Preparando seu orçamento

O orçamento é basicamente a projeção de todas as entradas e saídas relacionadas ao desenvolvimento e entrega de seu evento. Para ajudar a gerenciar as finanças de seu evento de forma eficiente, é interessante ter um "orçamento ao vivo" do seu evento, ou seja, um lugar que você tenha em tempo real o status real dele. Não tenha partes do seu budget espalhadas em arquivos e plataformas diferentes. Tenha um lugar central; se é sua primeira vez organizando um evento, pode ser uma planilha Excel ou Google.

Dicas de orçamento

Você nunca vai planejar planos de contigência o suficiente; ainda assim, se esforce. Apresente seu orçamento de forma clara para que seja fácil de ser lido e interpretado. Mantenha marcações claras. Seja realista. Não inclua fontes de receita que sejam improváveis de acontecer. Se incluí-las fizer sentido, você tem que marcar. Cada e todo item das receitas e despesas devem estar anotados. Seja conservador com as entradas de vendas de ingressos. Quando entrar nesse mérito, certifique-se que você tem o número de ingressos que você tem que vender para atingir a receita esperada. É importante que você tenha registro do valor de qualquer parceria de permuta/in-kind. Tenha sempre um back up do seu budget, assim como registro de versões mais antigas (marcando elas assim).

Mecanismos de controle

- **O financeiro**: tenha uma pessoa apenas que é a responsável final por atualizar e manter o orçamento final. Se outros da equipe têm autoridade sobre elementos dele, tenha mecanismos de controle e que eles concordem com o nível de disponibilidade orçamentária disponíveis para eles. Mas, em última instância, principalmente toda saída tem que ser autorizada por uma pessoa (repare no uso do singular aqui)

- **Pedidos de compra**: sempre que possível, trabalhe com pedidos de compra. Para simplificar, pode ser um email num formato específico para que a área financeira consiga olhar, autorizar e atualizar o budget. Não deixe que sua equipe compre itens à vontade. Numa hipótese necessária, libere uma quantia X de dinheiro para ser usada pontualmente, por exemplo, compra de publicidade, para também não restringir a área a ter que fazer uma solicitação a cada saída.

- **Registros e informação**: Não vou conseguir estressar isto o suficiente: tenha cópias, back ups e registro de versões do seu documento, preferencialmente comentando cada alteração.

- **Projeção de caixa**: Mantenha um registro de projeções futuras e esteja constantemente supervisionando para possíveis alterações. Eventos têm destas: eles podem mudar de cenário rapidamente. Uma falta repentina de dinheiro pode muito bem trazer abaixo toda sua operação e colocar toda a equipe sob pressão desncessária.

CAPÍTULO 5 - LEVANTANDO RECEITAS

Quando for prever a possibilidade de sucesso de um evento, duas perguntas devem ser perguntas: Ele é financeiramente viável? É sustentável?

Deixando a estética e qualidade da agenda de um lado, se um evento não é financeiramente viável, então o sucesso dele estará em cheque e não será sustentável. Logo, talvez seja difícil de conseguir suporte financeiro futuro.

Nos últimos anos, o custo de produzir um evento tem subido e é cada vez mais necessário que os organizadores olhem para novas formas e ações para gerar receitas. Quando for preparar o plano de negócios e o orçamento de um evento, é importante desenhar um plano de receitas.

O que é um plano de receitas?
Um plano de receitas vai te ajudar a visualizar todas as opções para levantar recursos que têm potencial de gerar receitas para o evento. Vai dar confiança para possíveis parceiros e stakeholders que ele vai

mesmo acontecer. Identificar fontes de receita e prazos, caso alguns objetivos não sejam atingidos, as contigências identificadas deverão ser postas em ação.

Fontes potenciais de receita e de levantamento de recursos

Levantamento de recursos tem sido um processo particularmente inventivo. Dependendo do tipo de evento, é possível que algumas ou todas as fontes de receita a seguir sejam necessárias para ter a receita necessária:

- Vendas de ingressos (para os espectadores)

- Taxa de participação (para quem apresenta)

- Fundos públicos

- Patrocínio comercial

- Patrocínio de instituições e fundações

- Merchandising

- Stands, pontos de venda e amostras

- Publicidade

- Patrocínio de permuta (in-kind)

- Atividades pagas na agenda

Vendas de ingressos

Certifique-se de ter uma estrutura de preços realista. Pesquise por eventos similares, dê uma olhada na tabela de preços dele, veja os relatórios de entrega para ver o realizado e esteja ciente das expectativas de seu público. Considere o impacto que ofertas e promoções podem ter na sua projeção de receitas.

E, claro, nem todo evento vai ter um custo de entrada. É completamente contigo (e seu orçamento) considerar isso. E também dá para brincar com a expectativa do seu público. Não é só porque seu orçamento de patrocínio cobre o evento que você tem que deixar, necessariamente, de vender ingressos num tipo de evento que as pessoas esperam pagar por ele.

Taxas de participação

É quase a mesma coisa que ingressos para o público geral, mas focado a quem vai apresentar. Isso é ligeiramente diferente porque eles farão ativamente parte, de alguma forma, da programação do seu evento. Seja um show de talentos, esportes, competição, entre outros. A diferença é que o público é mais passivo, enquanto quem paga para participar vai, de fato, entregar alguma coisa. É importante estabelecer bem as expectativas e responsabilidades de cada um.

Fundos públicos

É possível que alguma autoridade local ou governo opere fundos para eventos e realizações culturais que estão à sua disposição, como departamentos de cultura, lazer, entretenimento ou turismo. Cada vez mais as autoridades locais estão desenvolvendo estratégias de eventos para coordenar o seu envolvimento com a comunidade. Quando tentar se aproximar da instituição, uma boa iniciativa é tentar ir atrás de quem lida diretamente com eventos e se informar do tipo de apoio. É importante saber que as informações podem variar de acordo com cada local; então um segundo momento seria conversar diretamente com o responsável.

Assim como o governo, existem outras entidades que lidam com fundos e suporte a eventos, mesmo que seja com permuta. Para achá-los, uma boa alternativa é ir até sites de eventos e ver quem são os apoiadores de cada uma dessas iniciativas. Quase sempre, se não todas as vezes, eles pedem exposição de marca.

Patrocínio comercial

Posto de forma simples: quando uma empresa patrocina um evento geralmente ela oferece dinheiro em troca de uma série de benefícios.

Tentar levanr patrocínio é uma atividade que toma muito tempo. Você pode escolher ter o processo dentro da equipe ou também dividir isso em parceria. Já vi eventos que uma terceira empresa buscava patrocínio em troca de uma porcentagem (uma opção plausível se você não tem experiência, contatos e não quer desenvolvê-los).

Patrocínio de instituições e fundações

Existem certas instituições privadas, ou mesmo ONGs e OSCIPs, que podem contribuir para a organização do seu evento, seja se aliando para executá-lo, planejá-lo ou facilitar alguma entrada que, de outra forma, te custaria. A minha dica para você encontrá-los seria a mesma dos fundos públicos: você deve olhar iniciativas que estejam acontecendo e quem está apoiando.

Merchandising

Para certos eventos e públicos, a venda de espaços de merchandising como roupas, cosméticos e outros artigos podem trazer um bom potencial de receita. Contudo, merchan não é apropriado para todos eventos, e se não for planejado de forma cuidadosa, pode te tirar do foco. A não ser que seja uma feira de exposição desses produtos, merchandising nunca é o fim de um evento. Ele é somente uma linha de atividades que acontecem em paralelo à sua atividade principal e, portanto, não devem ser intrusivos.

Stands, pontos de venda e amostras

Algumas empresas gostam de exibir seus produtos, portifólios e cases e/ou dar amostras diretamente ao consumidor. Outras, que não tem um produto físico, gostam da oportunidade de conversar com clientes e, de alguma forma, tentar demonstrar o que o serviço ou o que oferecem, como imóveis, consultoria, vagas de emprego, etc. Outras, ainda, podem dar informações em stands. Tenha cuidado ao criar esse ambiente de feira e demonstrações para que eles casem com seu público. Outro ponto muito comum é não avisar seu público sobre esse tipo de programação – pode ser que eles fiquem tão focado em conversar entre si, descansar ou mesmo refletir sobre os aprendizados, que vão passar indiferentes aos stands.

Claro, também tenha cuidado para que não haja competição entre as empresas patrocinadoras. Evidentemente, se o seu negócio for, exemplo, vagas de emprego, essencialmente todas estarão apresentando a mesma coisa. Ainda assim é importante de saber o histórico de relacionamento entre as duas empresas para não chamar aquelas que são competidoras diretas.

Em áreas de feira, é comum que tudo pareça super-populado e visualmente sujo. Tome cuidado com isso e com a sujeira propriamente dita que se pode criar no local.

Publicidade

Se seu evento tem um folder com a agenda, materiais que possam ser lidos, espaços onde as pessoas transitam, tempo na programação, essas são todas oportunidades que podem ser utilizadas e de interesse de empresas que têm o seu público como alvo também. Oportunidades de vender publicidade podem incluir espaço no seu banner, no site, na sacola de boas vindas, na agenda, na revista, no relatório. Se você tem um patrocinador comercial, é uma chance também de juntar marcas subjacentes.

Patrocínio de permuta (in-kind)
É o tipo de patrocínio que envolve bens e serviços, por exemplo, empresa do ramo alimentício que envia comida em troca de uma posição como patrocinador. Não subestime o seu valor – para algumas empresas, é uma ótima porta de entrada, sendo que muitas já têm uma política de concessão anual para eventos – sem contar que te economiza de ter que ir atrás de fornecedores e tudo mais. Por isso, é importante você ter uma proposta de patrocínio tradicional bem definida, para você ver se o patrocínio de permuta está à altura das outras cotas. Apenas tenha certeza e formalize a parceria,

porque alguns insumos podem ser difíceis ou causar um rombo grande em seu orçamento se pedidos de última hora, caso o o patrocinador de permuta resolva sair do nada.

Atividades pagas na agenda

É possível ainda vender espaços na agenda, como palestras, apresentações comerciais ou intervalos. Uma prática muito comum junto com a comercialização de patrocínio de fóruns, congressos e eventos que já contenham palestras, e feiras, você pode oferecer espaços de duração variados na agenda. Eu só tomaria cuidado de você ter algum controle sobre o conteúdo, a atratividade da agenda e saber o que você promete: se você está vendendo um espaço que é opcional às pessoas participarem e elas terão que escolher conscientemente estarem lá, tenha muito cuidado para não ferir sua imagem perante o patrocinador. Há diversos mecanismos para dobrar isso, vale muito você participar de eventos no se setor para entender como é feito.

Outras atividades

É aqui que você pode ser particularmente inventivo. Qualquer que seja a atividade, seja atraindo benfeitores privados ou patronos, rodar doações, rifas, jantares de levantamento de recursos, crowfunding, entre tantos outros – apenas tenha certeza de manter tudo coerente com a marca do evento.

Quanto tempo que o processo de levantamento de cursos toma?

Poucos eventos têm sorte o contexto favoráveis o suficiente para conseguir todos os fundos necessários num espaço curto de tempo, então você não deve ser tão super otimista sobre isso. O seu conceito pode ser muito bom e apelativo, mas isso não garante uma série de outras variáveis – falando de eventos de primeira viagem. Sem contar que você depende do ano fiscal da empresa, situação de negociações, ou do mercado delas – eu já tive proposta recusada por um grande ecommerce que já havia conversado meses antes porque estavam se preparando para Black Friday. O timing é algo precioso. Assim como você pode se deparar com instituições com um budget não alocado e na busca por lugares para destinar (geralmente são empresas grandes). Conte com período de prospecção, de negociação e de avaliação interna das empresas, que podem levar semanas cada um. No mínimo, dependendo do orçamento do evento, eu dou 3 meses.

CAPÍTULO 6 - PATROCÍNIO COMERCIAL

Quando um evento é patrocinado, dizemos que existiu uma transação na qual uma empresa compra uma parte do evento com dinheiro ou prestação de serviços ou entrega de produtos em troca de um conjunto de benefícios que vão ajudar a empresa a atingir certos objetivos. A empresa vai avaliar sua proposta comercial com base no seu público (perfil e número), o conteúdo e a qualidade do evento (marca e garantia de entrega), assim como se os benefícios pesam mais que os investimentos. Antes que você identifique empresas para abordar, decida o que você pode oferecer aos seus potenciais patrocinadores. Pergunte-se:

- Eu tenho tempo o suficiente para instigar um patrocínio comercial?

- Os patrocinadores podem ser servidos adequadamente e receberem meu suporte?

- O que é apelativo sobre a agenda do evento?
- Qual é o perfil do público?
- Que produtos e serviços o meu público usa e se interessa?
- Quais companhias os oferecem?
- Quais benefícios que eu posso oferece?
- Como você vai precificar o patrocínio?
- Quanto isso representa em dinheiro?
- Existe alguma consideração ética ou moral ou de reputação sobre o patrocínio em geral?
- Vale a pena o esforço pra você?

Ao responder todas essas dúvidas com vontade e abertura, você terá formulado algo para apresentar a um possível patrocinador. Este entendimento vai te ajudar a focar em quem você tem que se focar e o que você pode potencialmente ganhar. Dar atenção ao processo de patrocínio e a um patrocinador demanda tempo, dedicação, paciência e atenção aos detalhes. Antes fosse só uma questão de receber o dinheiro e colocar a logo deles em algum lugar. Você tem que estar certo que vai se comprometer com as empresas e que conseguirá entregar o prometido em termos de tempo, benefícios, expectativas e segurança.

Por que as empresas patrocinam eventos
Você estará mais perto de alcançar seus objetivos com patrocínio se você e seu parceiro dividirem público, você providenciar benefícios que batem com os objetivos do seu patrocinar e se a proposta é coerente com o dinheiro. Seu patrocinador em potencial vai querer ver um pacote de benefícios, que pode incluir, mas não é limitado a:

Títulos e naming: é muito comum ter direitos a ter título na apresentação do evento, como patrocinador master, ouro, prata, etc. Ou mesmo de nomear o evento ou seções e sessões do evento, como Lounge X, Coffee Break Y, entre outros.

Exclusividade: o benefício de ser patrocinador único pode ser uma grande vantagem quando o evento for de um target de nicho ou se a marca for muito grande.

Exposição de marca: presença nos materiais, assinaturas, apresentações, site, entre outros.

Branding: banners, fachadas, testa de estandes, páginas em folders. Tome cuidado porque esses materiais costumam ser caros, por isso preocupe-se em incluir o custo do patrocínio no valor da cota de patrocínio. Sem contar que é importante mencionar que é ele quem deverá te fornecer os materiais (a não ser que você o faça).

Exposição de mídia: oportunidade de hospedar ou apresentar uma coletiva de imprensa, posicionamento em materiais específicos, menção em notas de imprensa.

Publicidade: menções e logo em artigos pagos por você, propaganda na agenda do eventos e publicações.

Direitos de merchandising: oportunidades para vendas diretas do produto.

Oportunidade de amostras: interações com público e/ou de ceder amostras do produto ao público.

Oportunidades de networking: produzir um evento antes ou depois de evento que reúna convidados VIPs, pessoas interessantes, palestrantes e outros patrocinadores.

Oportunidade de hospedagem: poder sediar alguma atividade do evento em algum espaço do cliente.

Criação de linhas de produtos: oportunidade de usar a marca do evento para criar algum produto e imprimir a marca deles juntos por consequência, como canetas, camisetas, canecas, cadernos, etc.

Literatura adicional: distribuir materiais adicionais ao público sobre a empresa, tais como folders, flyers institucionais e afins.

Se você tem mais de um patrocinador, é importante que o patrocinador chave – geralmente aquele que mais investe dinheiro – tenha os melhores benefícios. Esse guia de eventos não vai cobrir tópico de como vender, como se apresentar e coisas como essas, pois é tema para guias futuros.

CAPÍTULO 7 - AGENDA

Não importa muito o tipo de evento, um programa forte é essencial para o sucesso. Se a agenda não tem substância ou é de péssima qualidade, não vai agradar os participantes.

Quando decidir os elementos que formam a agenda, considere as seguintes perguntas. Suas respostas darão uma base sólida que te permitirá formar a agenda e construir elementos críticos para sua execução.

- Quais são os elementos essenciais da agenda para cumprir com os objetivos do evento?

- Que elementos poderiam alavancar ou sustentar o programa principal?

- Qual é a temática do evento?

- Quais são padrões de qualidade para esse setor?

- Para quem o evento se direciona?

- Quantos são esperados que estejam presentes?

- Quanto tempo va durar?

- Existe um track de sucessos e fracassos passados?

- Qual é o budget da agenda?

- Como eu vou fazer para manter o interesse alto e relevante?

Componentes de uma agenda

Cada evento é diferente e uma publicação como essa não é desenhada para dar conselhos específicos em termos de qualidade e desenvolvimento do programa da agenda. Se você quiser conselhos direcionados, podemos dar suporte especializado. De qualquer forma, em termos gerais, pode ser útil pensar na agenda do evento como um conjunto de componentes:

Foco do evento: está alinhado com a temática central do evento; é o ponto central de toda a agenda e é o que atrai o público, de modo geral.

Foco secundário: geralmente é uma alternativa ou variação ou alguma atividade de nicho dentro do guarda-chuva do foco do evento, com objetivo de atingir pessoas do público geral que tem um conhecimento mais avançado ou mais exigente.

Atividades de suporte: geralmente atividades de entretenimento ou relacionadas à atividade central do evento, mas que oferecem outras formas de interação.

Atividades complementares: são atividades de preenchimento para que a audiência descanse enquanto ainda produz algo, para que aquele tempo não seja totalmente vago. Usado em intervalos, breaks entre palestras, coffee breaks, entre outros.

À parte de tudo isso, alguns eventos terão elementos-chave essenciais como parte do programa, como abertura, premiações, fechamento e outras cerimônias. Se o seu evento exige protocolos, é importante buscar literatura mais formal sobre o assunto. Contudo, cada vez mais a audiência espera eventos que quebrem com nossas expectativas. É importante saber o que o seu público espera.

Assim que você definir os diferentes que seu evento requer, você pode focar em acontecimentos específicos que podem ser apropriados para o seu evento. Lembre-se: um conteúdo forte de agenda e a estrutura em torno dele são essenciais mesmo para o evento.

Definindo a duração das atividades

É crucial que sua agenda seja cronometrada para que cada item trabalhe com o todo. As considerações a seguir vão te ajudar a determinar quanto conteúdo você precisa e quando agendar atividades:

- A agenda tem um começo, meio e fim claros?

- Quanto cada item dura?

- Quanto tempo é necessário entre cada item da agenda?

- As pessoas precisarão se deslocar ou se preparar de alguma forma entre uma atividade e outra? Se sim, quanto tempo?

- Você está criando um programa coeso e considerando a flutuação de atenção da audiência o suficiente para mantê-la interessada?

- Se um mesmo apresentador ou grupo desempenhar mais de uma atividade durante a agenda, você está dando tempo para descanso?

- O evento precisa de uma abertura ou atividade para marcar seu início?

- Existem atividades que competem por atenção entre si, também chamadas de tracks, que acontecem de forma paralela na agenda?

- Você tem intervalos programados em algum momento na agenda para o público descansar?

- Voltando ao tema de atenção, se ela for necessária para que a percepção final do participante seja positiva do evento, você tem isso planejado?

- Você tem tempo para alocação e deslocamento de equipamento e pessoas?

Não se esqueça de apresentar a agenda para as pessoas de interesse. Nem sempre o público precisa estar informado sobre cada detalhe da agenda, mas se eles precisam se deslocar ou tomar decisões, eles vão pedir por maiores informações. É importante que elas sejam claras. A qualidade do seu evento é a percepção que seu público terá sobre ela. Parceiros e patrocinadores precisam, num nível mais básico, ter acesso a toda a informação. Quem desempenha algum papel deve ter realizado um alinhamento prévio, definido níveis de expectativas e saber o que acontece antes e depois de sua sessão e qual é o humor do público no momento de sua entrada.

CAPÍTULO 8 - PRODUÇÃO DE EVENTOS

Este capítulo tem a intenção de te ajudar a pensar sobre como entregar com mais segurança um evento, do ponto de vista operacional. Para mais informações sobre pontos específicos de sua situação, estamos à disposição para uma consultoria ou mentoria.

A natureza e tamanho de seu evento terão uma mão direta no nível de equipamentos, instalações, serviços, staff e tempo necessários para fazer acontecer. Avalie com cuidado o que você tem que fazer para facilitar o processo de produção do evento de forma precisa e construa contigências onde conseguir. Eventos com um tempo de produção curto pode atrair custos adicionais e desnecessários e a possibilidade de cometer erros ou esquecer passos chave nos procedimentos que podem afetar a saúde e segurança pode ser maior.

Não conseguimos listar todos os equipamentos de produção, serviços e instalações possíveis que você pode precisar (cada evento pode ter listas bem específicas de acordo com suas necessidades e circunstâncias particulares). Em vez disso, vamos dar alguns exemplos para você montar sua própria checklist.

Checklists da produção

Equipamento de produção – checklist de exemplo

❏ Estruturas de palco (decoração, mesas, cadeiras, água para os palestrantes)

❏ Iluminação, áudio e equipamentos visuais (anteparo e projetor)

❏ Geração de energia e cabos

❏ Painel de control de áudio e visual

❏ Assentos e móveis - plateia, vestiário, escritórios

❏ Decoração do espaço e vestimentas

❏ Sinalização de direção e informação

Tipos de instalações e serviços – checklist de exemplo

- ❏ Instalações sanitárias e serviços associados

- ❏ Serviços de reciclagem e remoção de lixo

- ❏ Sala de conferência (QG, para a equipe organizadora)

- ❏ Sala VIP

- ❏ Central de informações

- ❏ Pontos de encontro

- ❏ Água

Responsabilidades da Produção

Layout do espaço

O layout do espaço é muito importante para a saúde, segurança e conforto de todos que estarão no evento e participando dele. Um layout bem considerado pode influenciar muito na percepção do evento. O local ou espaço deve ser efetivo o suficiente para o tipo de evento que ele vai comportar. Quando começar a planejar o layout, avalie todos os fatores e riscos associados aos seguintes pontos:

1) Capacidade

A capacidade da sua locação ou local é calculado com base no espaço disponível por pessoa, no tipo de saída de emergência (ver ponto 2) e na avaliação de risco do local e do evento. O layout aqui vai ser crítico para otimizar o espaço para o público em geral.

2) Acesso, saida e fluxo

O acesso, saída e fluxo do público, staff, equipamento e atrações requerem consideração especial. O espaço onde o evento vai acontecer deve ter pontos de entrada e saídas. Se você escolheu um local fechado, então esses pontos vão ser fixos. Contudo, se você está planejando um evento outdoor, você terá que determinar onde serão os pontos de entrada e saída, otimizando para o fluxo de pessoas e bens. Por lei, para eventos muito grandes, existem alguns requisitos que devem ser levados em conta. De modo geral, todo o fluxo de pessoas e bens deve levar em conta o tempo aceitável de deslocamento, além da conveniência de você comunicá-los.

3) Características existentes

Você pode ter que lidar com características do espaço quando for desenhar o layout. Quando possível, use o formato pré-existente como vantagem pro seu evento para que eles não entrem na sua lista de riscos. Estamos aqui falando de formato das salas, pilares, escadas, portas, decoração não removível, etc.

4) Alocação dos equipamentos

Falamos já duas vezes de QG, ou quartel general, que é um lugar para você deixar todos seus equipamentos e materiais sem atrapalhar o fluxo do eventos ou a percepção deles do evento. Tem que ser pensando para reduzir o trabalho de deslocá-los de um lugar (QG) para onde ele deverá estar.

5) Sinalização

Não importa quão bem pensado seu layout seja, se você não tiver sinalização para direcionar as pessoas para os espaços, elas irão te perguntar e isso pode atrapalhar um pouco a percepção delas, principalmente se o seu evento possui alguma forma de deslocamento necessária para participar dele. Gestão de multidão pode ser um tanto caótica se as coisas derem errado.

Toda a sinalização deve ser bem pensada – não adianta ter um papel to tamanho de um flyer indicando alguma ação, se as pessoas estarão a metros dele quando a ação for necessária. O mesmo se aplica para sinalização de patrocinadores – deixe em locais visíveis e de tráfego.

6) Acessibilidade

Uma abordagem inclusiva é necessária para todos os planejamentos de eventos. Pessoas com deficiência têm o direito de tratamento igual e não devem sofrer discriminação. Quando planejar o espaço do seu evento, cheque se você precisa implementar medidas especiais para atender pessoas com questões de mobilidade, visão ou audição, ou outros tipos de necessidades.

7) Lixo

Eventos pode criar um quantidade assustadora de lixo e ele tem que ser coletado e jogado fora adequadamente. É importante que você se prepare ou contrate pessoas para lidar com isso. Como o responsável pelo evento, você deve se certificar que não exista lixo aparente por aí e ter um lugar para colocá-lo conforme as latas de lixo forem se enchendo ao longo do evento.

Manual do evento

O manual do evento é uma ferramenta que guia e serve de referência para todo o staff trabalhando. Ele recolhe todas as decisões finais acerca dos mais diversos assuntos nos níveis operacionais para dar certa liberdade de informação e autonomia aos membros do evento, uma vez que eles não poderão sair correndo atrás de alguém para perguntar toda hora sem que isso afete a experiência do público.

Eu preciso de um manual?

Meu conselho é "sim", ainda mais se for seu primeiro evento. Ele vai garantir que todos os aspectos operacionais do dia do evento que já tiveram uma decisão tomada sobre a forma de agir estejam compliadas em um único documento. Portanto, quando falarmos do evento em si, as pessoas que lidam com o público e quaisquer outros agentes estarão trabalhando em cima da mesma informação.

Quem escreve o manual

Os organizadores do evento devem ser os responsáveis. Mas se outros lados da operação estiverem planejados e assistidos por terceiros, tenha certeza que o manual reflete a decisão tomada. É importante que os organizadores concordem com as recomendações e métodos de explicação do manual antes que ele seja distribuído.

Quem recebe o manual

Todo o staff do evento.

O que tem no manual do evento

Todos os procedimentos, práticas, regulamentos, perguntas e respostas que conduzirão o staff assim como as informações gerais do evento. Para te ajudar a começar, adicione e adapte os guias a seguir para criar um manual relevante para o seu evento.

Índice: aponte e informe sobre todas as seções do manual e onde encontrá-las.

Cópias: onde estarão cópias do manual e onde ele estará disponível.

Quem é quem: crie uma lista do staff do evento, contratados, fornecedores, organizadores, os seus papeis, responsabilidades e onde estão na cadeia de atividades;

Descrição do evento: inclua a agenda do evento e a palavra de ordem; o mapa do evento; todas as instalações e onde cada serviço pode ser encontrado (banheiro, água, em casos de emergência, coffee break, etc).

Procedimentos, práticas e regulamentos: quais são as regras do evento e procedimentos que todo o staff deve seguir em suas rotinas e implementar em caso de tomada de decisão. É importante um brainstorm para gerar esta parte.

Guia detalhado da agenda: o que estará acontecendo em cada momento do evento (pode inclusive vir um script de 10 em 10 miunutos), quem é responsável pela entrega de cada parte, preparações necessárias e equipamentos e o que mais vocês devem fazer para que a próxima etapa aconteça.

CAPÍTULO 9 - MARKETING E COMUNICAÇÃO

Esta seção tem o objetivo de guiar aqueles que são novos na organização de eventos como passar pelo planejamento. Também deve dar algum estímulo àqueles que já organizaram um ou dois eventos a repensar seus processos.

O desenvolvimetno de um plano efetivo de marketing e comunicação é essencial para a entrega do evento. A chave é casar o conceito do seu evento (o tema e a agenda) com o público correto (aqueles que vão participar do seu evento como espectadores). Para fazer isso, você deve ter uma boa ideia do que o evento de fat oferece e para quem. Você pode suportar isso com dados e fatos. Você pode pode precisar de um plano de ação e recursos para implementar isso, para te guiar.

Antes de mergulhar no processo de planejamento, é importante tirar um minuto para considerar os desafios conectados à promoção de um evento, em oposição a atividades recorrentes o um produto e serviço. Eventos têm um prazo para acontecer e devem ser promovidos numa janela curta de espaço. Não faz sentido promover um evento durante um ano todo se ele não for muito grande. Um evento nunca é um fim por si próprio, portanto, se você está lendo este material, suponho que sua atividade principal não seja a organização de eventos, logo ele é um meio para você atingir um fim. Sua empresa não pode parar tudo para organizar um evento (a não ser naquele mês de organização dele).

O público tem um papel grande na percepção geral do seu evento. Não basta bater a meta de número de pessoas, é importante que elas saibam o porquê de estarem ali e que levem algo do dia (ou dias). Se você atrair as pessoas do nível correto, vai te ajudar a criar uma atmosfera legal e uma experiência que o evento deseja ter, para não mencionar outros ganhos que você possa vir a ter, como no relatório e nas finanças.

Onde começar: análise da situação

Nosso primeiro passo para desenvolver um plano de marketing é chamado de análise da situação. Basicamente significa dar um passo pra trás e olhar toda a informação disponível que se relacione com o evento.

- Reescreva a visão, missão e objetivos do evento de uma maneira promocional

- Formece a formular ou redefinir a apresentação do conteúdo da agenda

- Decida quando é a melhor data e horário do evento

Para desenvolver ainda mais uma análise contextual em termos de marketing, você deve agora considerar alguns pontos mais detalhadamente.

- **O público do evento**: quem vem? De onde eles virão? Quantos? Quantos estão pela primeira vez? Quantos são recorrentes?

- **Suporte de dados**: quais informações você possui de análise estatística do seu público? Procure no IBGE, em organizações setoriais, em centros de tendências de consumo, etc. O que esses dados falam por você sobre como deveria formatar seu evento para que gere maior interesse em massa dentr do seu público alvo?

- Campanhas anteriores: você já trabalhou com esse público antes? Como foi a recepção? O que deu certo? O que deu errado? Como isso pode impactar no seu planejamento atual?

- Recursos disponíveis: qual seu orçamento atual, pessoas, empresas que podem te auxiliar, canais de comunicação e tempo disponíveis para executar o plano?

- Análise competitiva: como seu evento se destaca da multidão? O que eles estão fazendo? Como eles promovem os eventos deles? Como eles se comunicam com seu público e por meio de quais canais?

- Metas: quais são as suas metas de vendas para cada tipo de ingresso? Qual seu cronograma? Quais são as outras ações em potencial que podem te ajudar a escalar a realização?

Terminologia básica

Publicidade: toda vez que alguém fala de você.

Propaganda: quando você promove seu evento.

Mídia: todos os meios de comunicação que existem.

Relações públicas: comunicação institucional do evento.

Marketing: comunicação promocional do evento (com fim de vendas).

Pré-promoção: aquele tempo que você tem antes de começar as vendas, ou seja, tempo de desenhar, construir seu site, definir suas ferramentas, levantar parcerias, etc.

Mercado ou público alvo: é o público que vai ao seu evento participar como espectador.

Segmento: são sub-divisões de um mercado; por exemplo: dois segmentos do mercado de empresários são diretores de finanças e diretores de marketing.

Recursos

Quando estiver preparando seu plano de marketing e comunicação, você deve ter todos os recursos disponíveis na ponta da língua (ou do lápis, ou dos dedos). Entre muitos, considero três fatores para incluir:

Orçamento: você precisa delinear o básico de orçamento disponível para suas ações;

Tempo: você precisa estar consciente do que é possível fazer na janela de tempo que você tem de promoção e de pré-promoção do evento;

Braço: tem que estar claro quem é responsável pelo quê, e, principalmente, sua capacidade, como time, de executar as ações propostas.

Identificando os mercados alvo

A análise da situação deve ter identificado boa parte do tipo de pessoa que terá maior probabilidade de se sentir atraída ao seu evento e ter percebido se existe uma lacuna no mercado para o seu evento. Agora, vem a parte de identificar em detalhes os tipos de grupos que terão maiores chances de gastar dinheiro e dedicar seu tempo. Isso significa ser mais específico e realista. Neste momento, você precisa se perguntar duas coisas básicas:

1. **Quem são meus mercados alvo?** Isso pode incluir participantes anteriores, novos públicos, grupos e comunidade especiais de interesse; escolas que frequentaram, faixa etária específicas, grupoa sócio-econômicos específicos; família, casais, turistas; futuros

patrocinadores, mídia, clubes e organizações relevantes, entre outros.

2. **Onde estão meus mercados alvo?** Para cada entrada na categoria QUEM, você deve identificar ONDE eles são prováveis de serem vistos.

É sempre bom colocar as ideias no papel. Num formato de tabela, faça a listagem de todos os grupos que você acredita estarem como alvo e, próximo a eles, coloque o ONDE. É uma atividade de brainstorming que pode ser levada com os outros grupos do seu time ou na equipe de marketing, como for mais apropriado.

Agora priorize em mercados primários e secundários para ajudar você a alocar os recursos de forma mais conveniente. Você deve decidir QUEM e ONDE seus mercado estão para começar a pensar em COMO alcançá-los.

Construa um público

Se seu evento é regular, esteja consciente que construir um público é uma das melhores práticas que você pode ter. No nível mais básico, você vai criar uma grande base de dados de pessoas interessadas. Você precisa entender qual é o perfil do seu usuário e como mantê-lo engajado, para que ele se lembre de ti na próxima vez que o evento acontecer. Dados do seu público podem ser adquiridos das mais diversas formas e tendências têm que ser observadas para te dar insights no futuro. Seu público poderá virar embaixadores da sua marca. Eles são importantes para espalhar seu produto boca a boca e devem ser acompanhados e alimentados para que eles voltem. Adicionalmente, olhar de perto as informações sobre eles (onde vivem, o que gostam, momento de vida), vai te ajudar a expandir ainda mais e mergulhar em mensagens de marca que ressoam profundamente. De acordo com os limites orçamentários, lembre-se de concentar em seu público que já te segue e novos públicos em potencial e não tente gastar seu tempo precioso se esforçando para converter novos grupos que sua pesquisa e experiência provaram serem indiferentes ou improváveis de comparecer.

Para onde você quer ir?

Assim que você identificar os grupos chave que criarão sua audência e mercados em potencial, você pode definir objetivos que vão descrever o que você quer atingir.

Exemplos:

Levantar R$3.000 em vendas de ingressos.

Conseguir que 95% do público dê nota excelente ao evento.

50% do público deixando seu email para ofertas futuras.

Como você quer chegar lá?

Uma vez que seus objetivos de marketing estão definidos, você pode olhar a abordagem que você terá para atingí-los. Em outras palavras, definir sua estratégia.

Posicionamento: um termo de marketing usado para descrever a maneira que você se oferece ao público. Envolve comunicar sentimentos e benefícios da experiência do evento por meio de mensagens. Saiba que para um posicionamento efetivo, você deve manter sempre na sua cabeça com quem você tá falando naquele momento específico e que mensagem que mais ressoa com eles.

Mix de marketing: Junto com um bom posicionamento, vem a combinação de produto, preço, conveniência e promoção como fatores que vão te ajudar a definir a estratégia de marketing.

Produto: o que seu evento oferece

- Existem ajusetes que podem ser feitos no evento para fazê-lo mais apropriado para atrair o público que eu quero?

- conteúdo ou agenda do evento precisa ser melhor definida?

- espaço do evento precisa ser adaptado ou melhorado?

- Qual é a experiência final do evento? Existem serviços adicionais que u posso agregar para fazê-la melhor, como hospedagem em restaurante, desconto com Uber, atrações musicais, etc?

Preço – o custo de participação

- O valor do ingresso está equilibrado para o grupo alvo?

- O valor do evento justifica seu preço?

- Existe uma gama de valores disponíveis, de acordo com o interesse específico de segmentos do seu público?

- É necessário ou faz sentido pacotes para grupos ou famílias?

- Existem custos adicionais vinculados à participação - hospedagem de hotel, viagens, estacionamento – que vão impactar na decisão final?

Conveniência – ficando fácil de participar

- Para eventos com ingressos: existe uma rede de distribuição conveniente a quem esitver comprando?

- Você oferece diversos meios de pagamento?

- A agenda do evento, tanto duração quanto dia da semana, é apropriada ao seu público?

- É fácil de chegar ao seu evento?

Promoção – dizendo as coisas certas para as pessoas certas

Comunique seu evento por meio de mensagens chave: para quem ele é, o que é especial sobre ele e por que é uma boa ideia ir; quando vai acontecer, onde vai acontecer. Toda comunicação de evento deve responder: o quê, por quê, quando, onde. Daria para adicionar um "quem", se seu evento tiver palestrantes.

Quais canais de comunicação que meu público participa e quais eles confiam para ouvir uma mensagem de um evento do meu tipo?

Ferramentas de marketing

Uma vez que você tenha decidido carregado a atividade anterior adiante, está na hora de você se equipar com as melhores ferramentas para empregar todo seu plano da melhor forma. Existe toda uma gava de opções disponíveis e as ferramentas que você deve escolher dependerão muito dos fatores já mostrados sobre seu público e quais recursos estão disponíveis para você.

Algumas das ferramentas de marketing mais usadas em eventos são:

Impresso: pôsteres, folders, cartões, panfletos.

Mailing (mala direta).

Propaganda e publicidade na mídia, web e rádio.

Hot sites e newsletters.

Redes sociais: tanto ads quanto fan pages.

Outdoor e pôsteres em veículos (plotagem e ônibus).

Assessoria de imprensa.

Post pago em sites e blogs de terceiros.

Relações públicas e planejamento
Seu posicionamento institucional vai ter um grande peso como parte integrante do seu plano de marketing e comunicação. É por meio de jornais e sites de reputação, assim como revistas e rádio, que seu evento pode atingir uma massa. Você deve definir quais são seus maiores e melhores alvos, não só pra sua conveniência, mas também de seu público. Cobertura na mída geralmente é convincente e pode ser grátis. Claro, não espere que ela venha correndo até você. Você tem que ser pró-ativo nisso. Aqui alguns direcionamentos:

- Se você não tem alguém especialista em relações públicas, tenha certeza de colocar alguém para ter a responsabilidade nisso. Não espere que as pessoas de marketing vão atrás disso se não for bem claro.

- Construa um banco de dados de jornalistas. Identifique as mídias do seu interesse e vá atrás delas.

- Tenha em mente o prazo para tudo isso. Relações públicas não é algo para fazer hoje e esperar resultados para amanhã. Um plano de RP pode demorar 3 semanas, no mínimo.

- Faça follow up. Não envie os materiais, sem saber quem recebeu, quem leu o quê e se foi publicado. Claro, a não ser que você esteja mandando e não tenha mais tempo de verificar isso. Mas às vezes um segundo contato de follow up pode fazer muita diferença.

- Crie um bom relacionamento com os jornalistas. Eles que publicarão sua matéria ou te convidarão para uma entrevista.

- Pense em diferentes ângulos para sua história. Também veja como você pode oferecer exclusivas sobre sua agenda, oportunidades de fotos ou perspectivas sobre o assunto para que os jornalistas agreguem à pauta deles.

- Seja preciso e honesto quando lidar com a mídia – não aumente a história. Você vai perder muita reputação se eles sentirem que você está aumentando a coisa.

- Lembre-se de convidar jornalistas para estarem no evento.

- Agradeça e faça follow up depois de o evento acontecer.

CAPÍTULO 10 - PÓS EVENTO

Ainda não acabamos. O passo final na gestão do evento é uma das boas práticas de negócio que podem catapultar os resultados do dia do seu evento. Meu conselho é que você comece isso logo após o evento.

A avaliação e processo de relatório, principalmente as reuniões de debriefing, reuniões de feedbacks e redação do relatório, são processos importantes que permitem:

- Que todos os envolvidos no evento dêem feedback de suas experiências, conselhos e recomendações pro futuro.

- Que você tenha uma análise mais holística do evento, do que só a experiência do participantes (considerando que você pediu feedback para eles).

- Um bom momento para você se desligar formalmente com paz do evento. Acredite, isso é importante.

- Ajuda você a documentar inputs para uma próxima edição.

Reunião

Neste estágio, você pode sentir que você já se encontrou o suficiente com sua equipe, mas é importante você dizer o que sente e deixar que os outros façam o mesmo. A natureza, tasmanho e estrutura do seu eventos influenciarão em quantas reuniões você terá, mas é provável que tenha que se reunir com:

- Sua equipe organizadora.

- Seu fornecedores externos.

- Grupos de sub-gerenciamento.

- Financiadores e patrocionadores.

Tome nota das reuniões sobre os pontos principais, observações, conselhos e recomendações que as pessoas oferecerem – negativos e positivos – para que você inclua no seu relatório de debriefing. Nessas reuniões, pe importante que sejam objetivos e construtivos, para não se alongar muito e ficar algo complementante sentimental. E também sejam apreciativos. É importante que todos sintam que sua opinião vale. Encorage que as pessoas falem aberta e honestamente – e não faça piadas ou seja defensivo. Aqui você está só para ouvir e anotar. Se algo for válido ou não, isso você decide depois. Até porque, se uma pessoa diz algo, é porque ela está sentiu ou está sentindo aquilo. Vale a pena ouvir até o final. Depois você julga se isso se encaixa.

Relatório de debriefing e resultados

Peça aos seus membros da equipe para escreverem relatórios curtos e construtivos sobre seu papel na organização do evento, suas experiências e recomendações para eventos futuros. Isso vai ajudar quando você for construir seu relatório final.

O que deve ter no seu relatório final
Como isso vai variar muito para quem você quer apresentar, vou colocar pontos principais.

- Lembrete geral sobre tipo do evento, data, local, agenda e quantas pessoas foram

- Um parágrafo sobre o sucesso do evento

- Revisão do plano: objetivos e ações. O que foi atingido?

- Quem estava envolvido nas operações do evento.

- Visão geral da agenda e atividades complementares.

- Análise detalhada dos resultados das ações de marketing e comunicação.

- Análise do financiamento e patrocínio do evento, assim como do orçamento previsto e realizado.

- Empresas envolvidas.

- Parágrafo de conclusão e expectativas.

CAPÍTULO 12 – RECURSOS ADICIONAIS

Modelos de cronogramas

Vou colocar aqui dois cronogramas básico para você se organizar para quando as tarefas devem ser cumpridas. Claro, você pode adicionar e remover tarefas conforme sua necessidade e organização pessoal, alé,m da configuração do seu evento. Estes modelos a seguir têm sido utilizados por mim desde 2011 e, devo dizer, eles são bem suficientes – não que eu sempre os cumpra ou que se você não cumprir, a qualidade do seu evento está comprometida, mas sim ele deve te dar um norte geral de como você está encaminhando as coisas. Também levo em consideração o risco de cada tarefa.

Para eventos pequenos (até 50 pessoas): dois meses de organização

Semana 1:

- Definição da equipe.

- Conceitualização.
- Definição da data.
- Lista de atrações e parceiros.

Semana 2:

- Prospectar e abordar parceiros.
- Criar planos operacionais para cada indivíduo.

Semana 3:

- Convite para as atrações.
- Definição do local.

Semana 4:

- Elaboração do plano de comunicação.
- Elaboração do orçamento.

Semana 5:

- Definição do conteúdo da agenda.
- Abertura de inscrições/vendas de ingressos.

Semana 6:

- Promoção.

- Fechar parceiros finais.

Semana 7:

- Pico de promoção.

- Alugar equipamentos.

- Confirmação final e alinhamento das atrações do evento.

Semana 8:

- Coffee break.

- Realização do evento

Semana 9:

- Elaboração do relatório.

- Reunião de follow up com envolvidos.

Eventos médios (até 300 pessoas) – três meses de preparação

Semana 1:

- Definição dos papeis e das descrições de trabalho.

- Conceitualização e objetivos do evento.

- Recrutamento.

Semana 2:

- Prospecção do local.

- Dreaming do evento junto à equipe.

Semana 3:

- Definição de metas de cada indivíduos.

- Definição da temática.

Semana 4:

- Lista de prospecção de parceiros e materiais de vendas.

- Plano de marketing.

- Definição do orçamento.

Semana 5:

- Confirmação do local.

- Abordagem de parceiros.

Semana 6:

- Confirmação das atrações principais do evento.

Semana 7:

- Primeiros materiais de comunicação prontos.

Semana 8:

- Definição da logística.

- 80% da agenda definida.

Semana 9:

- Início da promoção.

- 100% da agenda.

Semana 10:

- Lista de parceiros.

- Alocação de equipamentos

Semana 11:

- Metade da meta de inscritos.

Semana 12:

- Pico de promoção.

- Revisão da logística do evento.

Semana 13:

- Realização do evento.

Semana 14:

- Elaboração do relatório.

- Reunião de follow up com envolvidos.

As 54 perguntas

Montei uma lista com 54 perguntas, dividias em 11 tópicos, para você saber se sabe mesmo que tipo de evento você quer realizar. Além de te tirar da sua zona de conforto, elas farão você refletir sobre outros pontos que não foram pensados ainda sobre o planejamento do seu evento e de tudo que ele envolve.

Conceito

1. O que eu quero preencher neste evento?

2. Quais são as necessidades da minha empresa?

3. Quais são as necessidades da minha região?

4. Como posso relacionar as necessidades locais com a minha empresa?

5. Quais são os resultados para minha empresa que eu espero?

6. Como posso dizer que esses resultados foram atingidos?

Temática

7. Quais são os assuntos chave moldando a cabeça do meu público hoje?

8. Por que isso importa?

9. Como minha cidade tem discutido sobre isso?

10. Qual a contribuição que minha organização tem nisso?

11. Como eu posso definir o futuro dessa discussão?

Público

12. Quem vai querer participar desse evento?

13. A quem esse evento interessa?

14. Como o evento pode impactar na vida deles?

15. Quantas "eles e elas" existem?

Espaço

16. Quais lugares são relevantes e têm boa reputação entre meu público?

17. Como ele pode contribuir para a ambientação do meu eventos?

18. Quais são as condições, serviços e pontos principais que me beneficiam e meu público? Como ele pode criar restrições?

19. Qual é a infra-estrutura dele e o layout padrão?

20. Como ele impacta em meu orçamento, positiva e negativamente?

Agenda

21. Quem o meu público espera ver e ouvir?

22. Quais são os tópicos a serem abordados?

23. Como eles serão alocados na agenda?

24. Quais são os melhores formatos para facilitar a absorção desse conteúdo pelo meu público?

Promoção

25. Como posso chegar ao meu público alvo?

26. Quais canais estão à minha disposição?7

27. Quais são as oportunidades disponíveis entre hoje e a data do meu evento para promovê-lo?

28. De hoje até a data, onde meu público estará?

Parceiros

29. Quais são as necessidades do meu evento que minha empresa não pode suprir?

30. Quais são as necessidades em termos de serviço ao participantes, logística do espaço, facilitação do conteúdo da genda, promoção e ambientação?

31. Quais parceiros estão disponíveis para cada uma dessas necessidades?

Receita

32. Como meu evento será cobrado?

33. Quais são as oportunidades de gerar receita? Quais são mais realísticas de serem realizadas? Como posso garantir a entrega do processo para fazê-la acontecer?

34. É apropriado ter algum patrocínio? Propaganda? Merchandising? Stands de feiras?

35. Existem oportunidades para parcerias de permuta?

36. Existem fundos que eu posso me postular?

Custos

37. Alta prioridade: quais são as coisas que não podem faltar para a entrega do evento?

38. Média prioridade: como eu posso melhorar a logística do evento? Como posso superar as

limitações do espaço? Como eu posso aumentar meu alcance de marketing?

39. Baixa prioridade: quais são oportunidades de melhorar a agenda do meu evento? Para melhorar o atendimento ao meu público?

40. Cerejas do bolo: quais são investimentos que posso fazer para criar a ambientação ideal para meu evento?

Organização

41. Pontos de atenção: conteúdo da genda, relações com público externo, logísticas, finanças e comunicação.

42. Como vai ser a estrutura para entrega desses pontos?

43. Eu tenho recursos humanos para entregar tudo isso?

44. Quais são os conhecimentos técnicos que precisarei para as pessoas contratadas?

Data

45. Qual período do ano é mais apropriado para meu público conversar sobre esse assunto? Por quê?

46. O que estará acontecendo no mesmo dia? E uns dias antes? E até duas semanas antes? Quais e quantos deles são competidores? Quais e quantos podem me ajudar a construir uma percepção melhor do meu evento?

47. Ao redor do seu espaço: o que estará acontecendo na vizinhança?

48. Quais são as atividades que estarão acontecendo que podem incrementar seu evento?

Eventos como estratégia de marketing

A primeira vez que eu organizei um evento foi uma realização e tanto: havia muita excitação por parte do meu público-alvo e, desde então, percebi que eventos têm a capacidade de gerar um estado de euforia pelo sentimento de novidade e efemeridade. Eventos como estratégia de marketing podem ser usados como ferramenta para o que hoje chamamos de "conversa com a marca", além de buzz de mídia, nos termos mais antigos.

Sua organização pode se beneficiar ganhando credibilidade, reputação ou awareness de marca, nos termos mais intangíveis. De métricas mais palpáveis, você pode usar um evento para converter seus participantes em clientes, por meio da venda de produtos ou serviços, ou incitando eles a tomarem alguma ação pós-evento, como participar de uma outra atividade, falar de sua oferta ou comprar um produto.

Comece a ver eventos como estratégia de marketing, não somente como encontros. Assim, você pensa no orçamento como investimento, estabelece metas e ainda se preocupa com a atratividade deles. Quando foi a última vez que você viu sua campanha de promoção como um custo? Nunca, né? (espero).

Eu criei um curso online que te ajuda a pensar nos seus eventos como ferramentas de marketing. Acesse este link http://bit.ly/curso-eventos e saiba mais. O valor do curso é somente de R$19,00, mas se você colocar o código "OFERTAEBOOK", você ganha R$9,00 de desconto (quase 50%!)

CAPÍTULO 13 – PALAVRAS FINAIS

Como eu mencionei no começo do livro, o meu objetivo era "guiar pessoas e empresários que queiram organizar um evento pela primeira vez ou um pouco maior do que os que estão acostumados a organizar". Espero que tenha cumprido com ele por meio dessas páginas. Tenho muito a melhorar no que tange as áreas que um evento cobre, principalmente se pensarmos na variedade de eventos possíveis de serem realizados, mas para um iniciante ou uma pessoa que não vem dessa área, acredito que consegui cobrir bastante coisa – principalmente se levarmos em conta que os profissionais de eventos são focados em poucas áreas, não cobrindo toda a extensão do que significa planejar, organizar e produzir um evento de fato.

Estou muito aberto a feedbacks, sugestões e uma conversa sobre o assunto. Se você quiser me encontrar, pode se direcionar para a minha empresa, Polímatas (www.polimatas.com) ou diretamente comigo, por meio do ivan@polimatas.com.

Espero que tenha feito um bom proveito da minha primeira obra!

Obrigado,

Ivan Chagas.